AF332787

Lk 1570.

RÉPONSE

de M. Et. Lengaigne,

Membre du Conseil municipal,

A LA LETTRE DE M. LEGROS – DEVOT,

Maire de Calais.

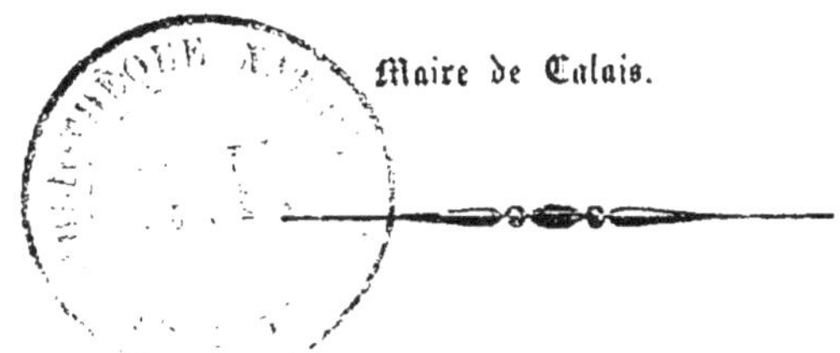

Fais ce que dois....

Monsieur le Maire,

Convaincu que vos projets d'impôts et notamment ceux d'octroi doivent causer à la ville de Calais un mal irréparable, amener la ruine du commerce de détail *en tout genre*, frapper par conséquent des centaines d'établissemens, déterminer de nouvelles émigrations sur Saint-Pierre, augmenter le nombre des maisons inhabitées, faire tomber encore plus bas leur valeur locative, ce qui frapperait les propriétaires, à leur tour, dans leurs intérêts; connaissant aussi, par une expérience de quinze ans, la manière de procéder du conseil, qui (je ne crois pas me tromper) n'a jamais repoussé un seul de vos projets; en présence de ces circonstances pressantes et critiques, après plusieurs tentatives infructueuses (1) de ma part, pour tâcher d'éviter ou d'amoindrir au moins le mal, je me suis décidé à recourir à un moyen légal, à la publicité.

(1) J'ai fait plusieurs démarches, et notamment auprès d'un homme qui a, je crois, toute votre confiance.

J'ai appelé l'attention de mes concitoyens sur un sujet bien grave, puisqu'il touche aux intérêts les plus actuels, à tout l'avenir de Calais; et si, à l'appui d'un système que je soutiens depuis long-temps, j'ai démontré par des chiffres *incontestables*, que sous l'administration de l'honorable M. Bénard, avec des ressources moindres que celles actuelles, on avait fait, en moins de dix ans, pour 400,000 francs de travaux d'améliorations; que, dans la même période, la caisse municipale avait payé une somme d'environ 60,000 francs qu'elle n'a plus à supporter depuis 1830; qu'également, sous l'administration du regrettable M. Leveux, avec un octroi qui n'excédait pas le chiffre de l'octroi actuel, on avait fait pour 96,652 francs de travaux d'améliorations, et payé, par anticipation, 80,000 francs sur les travaux du port : si j'ai démontré tout cela, mes démonstrations et mes chiffres sont-ils la critique, la condamnation de votre administration, Monsieur le Maire? C'est ce que nos concitoyens décideront.

Mais du moins, Monsieur le Maire, vous me rendrez la justice de reconnaître que je me suis abstenu à votre égard de toute personnalité, et je dois regretter pour vous que vous n'ayez pas eu la même réserve. Permettez-moi aussi, Monsieur le Maire, avant d'aller plus loin, de vous exprimer le regret de vous avoir vu mettre beaucoup en pratique l'épigraphe de votre lettre, épigraphe qui, à mon adresse, n'est qu'une injure gratuite, une calomnie inacceptable. Ceci dit, Monsieur le Maire, j'arrive aux faits, et je commence par constater que, de tous les chiffres cités par moi, vous n'en avez contesté qu'un seul que vous rectifiez, et encore avez-vous eu la main bien malheureuse, comme on va en juger.

J'ai dit (*page 4 de ma brochure*) qu'on avait payé, au 31 décembre 1846, 59,692 francs sur l'emprunt. Vous rectifiez ce chiffre, et vous me répondez que c'est le quart de l'emprunt qui a été payé, soit 96,540 francs (*page 3 de votre lettre*), et que je me trompe conséquemment à votre préjudice de 36,848 francs bien comptés.

Ouvrez donc votre compte de 1845, Monsieur le Maire, et vous y trouverez :

Amortissement de l'emprunt de 170,000 francs, première année . . . . 22,527 f.

Ouvrez ensuite, votre compte de 1846, et vous y trouverez, à l'article amortissement de l'emprunt de 170,000 fr., deuxième année. .   21,975

Amortissement de l'emprunt de 130,000 f., première année 15,390

Total au 31 *décembre* 1846, comme je l'ai dit . . . . 59,692 f.

Et non pas 96,540 francs, comme vous l'écrivez, Monsieur le Maire, en anticipant probablement sur un exercice dont je ne me suis pas occupé, parce qu'il n'est pas encore clos. Vous le voyez, je n'ai pas commis d'erreur, mes chiffres sont parfaitement exacts.

J'aurais désiré, pour répondre à votre *trop longue lettre, que vous n'avez pas eu le temps de rendre plus courte,* ainsi que le dit un homme d'esprit, qui n'est pas vous, pouvoir vous suivre pas à pas dans l'ordre de votre travail; mais les faits, tels que vous les avez exposés, ne me le permettront pas toujours.

D'abord, je n'ai pas voulu abuser contre vous de *la position difficile où se trouve la ville (page 1ᵉ de votre lettre).*

Je vous ferai remarquer en effet, Monsieur le Maire, que l'application de la vapeur à la navigation est antérieure à votre administration; que si le commerce a refusé de s'entendre avec des compagnies anglaises (ce que j'ignore), ce fait est encore antérieur à votre avénement à la mairie, et que les conséquences de ces faits existaient sous l'administration de votre prédécesseur. Mais un fait qui est d'une date plus récente, Monsieur le Maire, c'est l'affaire des malles, dont la chambre de commerce sollicitait depuis long-temps le remplacement; là il y a une grande responsabilité à encourir; sur qui doit-elle tomber?

Après avoir parlé de mon caractère à propos de chiffres et de budget, vous insinuez avec une mauvaise foi dont, je l'avoue, je ne vous croyais pas capable, Monsieur le Maire, que le procédé que j'ai employé envers vous est très-bénin, si on le compare à celui dont j'ai usé envers la commission administrative de l'hospice, composée de MM. H. Dupont, Th. Devot, Tigault de Beaupré, Dessin et Vogue. Puisque vous rappelez ce fait, qui cependant n'a rien de commun avec l'octroi, vous savez bien, et mieux que personne, qu'il n'était pas le rêve de mon imagination; que M. Vogue, administrateur de service, en a été prévenu par M. Éd. Mayer et par moi; que nous lui avons fait connaître le nom et l'âge de l'orpheline, l'endroit où elle était enfermée, éclairée seulement par une lucarne du toit, le temps qu'elle y avait été reléguée; que M. Vogue s'est rendu le jour même à l'hospice, avec ses collégues MM. Dupont et Dessin, et a trouvé l'orpheline désignée dans l'endroit indiqué. Vous savez aussi, Monsieur le Maire, que M. Mayer et moi avons déclaré à M. Vogue que nous avions *l'entière conviction* (1) que le fait était étranger à la commission administrative de l'hospice, et que c'était la raison qui nous faisait l'en instruire. Vous n'ignorez pas davantage, car je vous l'ai moi-même déclaré dans votre cabinet particulier de l'hôtel-de-ville, que si, cinq jours après la cessation du fait, j'ai fait reproduire l'article 341 du Code pénal dans le *Journal de Calais*, c'était pour prévenir *certain lecteur* du journal à quoi l'auteur du fait signalé s'exposait, et pas le moins du monde MM. les membres de la commission administrative de l'hospice, qui, hommes de cœur et de loyauté, avaient su apprécier de suite notre démarche; et qu'enfin M. Vogue nous en avait remerciés, et nous avait donné une marque de confiance, en nous faisant connaître le résultat de sa visite à l'hospice.

J'ajouterai que si j'ai souvent été divisé d'opinion avec les membres de l'administration de l'hospice, sur des questions administratives, je n'ai eu malgré cela que d'excellens rapports avec tous, même des rapports intimes avec certains d'entre eux; vous ne l'ignorez pas; et le trait que vous avez voulu décocher sur moi n'aura fait

(1) Je soussigné affirme, sur la demande de M. Et. Lengaigne, que lorsqu'il s'est présenté chez moi, accompagné de M. E. Mayer, pour m'entretenir d'un fait concernant une orpheline de l'hospice civil de Calais, tous deux m'ont déclaré que, dans leur conviction, l'administration de l'hospice y était étrangère.

Calais, le 16 décembre 1847.   A. VOGUE.

que vous blesser. C'était un rêve de mon imagination, affirmez-vous ; mais lisez donc le procès-verbal d'enquête, où j'ai été entendu avec M. Mayer et M. le maire de St.-Pierre, et le public jugera si j'ai rêvé, comme vous le dites si peu sérieusement.

J'ai la prétention et l'orgueil, selon vous, *de parler de choses dont je ne sais pas le premier mot* (page 4 de votre lettre), *témoin mon rapport sur les contributions directes, qui a reçu les honneurs de l'impression* (1) *aux frais de la ville, et qui a été enterré piteusement au conseil d'arrondissement et au conseil-général.* Je vous ferai d'abord remarquer, Monsieur le Maire, que, légalement, le rapport émanait d'une commission dont MM. Vogue et Louchez faisaient partie, qu'il était l'œuvre de la commission. Mais je ne veux pas me retrancher derrière cette fiction, et j'en revendique toute la responsabilité. Lorsque mon rapport a été discuté au conseil, j'étais à Paris, chargé de défendre avec vous (2) le chemin de fer de Fampoux ; je suis donc étranger au vote qui a décidé l'impression de ce rapport (3).

Mais, Monsieur le Maire, ce n'est pas mon rapport qui a été enterré ; c'est l'œuvre du conseil, envers lequel vous êtes bien peu généreux dans la circonstance ; c'est la délibération qu'il a prise. D'ailleurs, s'il a été *enterré*, ce n'est pas une preuve que la réclamation ne fût pas fondée, et je vais l'établir.

(1) La commission pour la question des contributions a été nommée sur votre proposition, dans la session de mai 1843.

(2) Ma modestie m'empêche de reproduire ici les éloges que vous m'adressiez alors à tout moment ; même devant des étrangers, vous me proclamiez le conseiller le plus consciencieux, quoique vous faisant souvent de l'opposition.

(3) Extrait du procès-verbal de la séance du conseil municipal de Calais, séance du 13 mai 1845 :

« Ce rapport, dont les conclusions sont adoptées par *l'administra-tion*, est accueilli par le conseil avec les témoignages de la plus vive » approbation ; des remerciemens sont adressés à la commission pour » les peines qu'elle s'est données, et pour la manière habile et con-» sciencieuse dont elle s'est acquittée de son travail. Il est décidé à » l'unanimité que le rapport, ainsi que la délibération qui y est » annexée, sera adressé aux autorités compétentes. »

D'abord, je reconnais que deux erreurs secondaires ont été signalées; quoi d'extraordinaire à cela? les documens manquaient, la question était ardue, neuve pour tous, même pour vous (1). Mais n'existe-t-il pas dans les archives de la mairie un extrait de la délibération du conseil d'arrondissement du 13 septembre 1845, signé Marchand, directeur des contributions directes, duquel il résulte que, par suite d'une erreur commise en 1841, l'arrondissement a été surchargé pour 1843? Or, je vous le demande, a-t-on tenu compte de cette erreur? non; et cependant vous dites que la réclamation n'était pas fondée. Pour la contribution foncière, est-ce la propriété qu'on impose, ou le revenu? c'est le revenu. Eh bien! n'est-il pas vrai que les habitans de Calais paient encore la contribution sur la valeur des loyers de 1821, alors que ces loyers sont baissés d'un tiers et plus? Vous ne pouvez contester ce fait, n'est-ce pas? Comment donc osez-vous avancer que la réclamation n'était pas fondée? Il ne vous a pas convenu, comme maire, comme conseiller-général, d'appuyer une réclamation si juste, voilà la vérité; c'est là une preuve de l'intérêt que vous portez à vos concitoyens.

Puisque nous en sommes sur la question *Contributions*, pourriez-vous me dire si c'est à vous que M. le Directeur des contributions directes, retraité aujourd'hui, faisait allusion dans une lettre qu'il a publiée et où il parlait des réductions qu'on avait dû faire sur les patentes, par suite de l'insistance de plusieurs maires? Dites-moi l'appui que les patentés ont trouvé dans votre administration; publiez les avis donnés par elle; publiez surtout votre avis sur la réclamation de M. Guillebert, et vos administrés sauront combien ils vous doivent de reconnaissance. Faites connaître aussi l'incident qui a eu lieu sur ma réclamation, et le langage que vous avez tenu à un de vos adjoints, devant moi et devant M. votre secrétaire, et on verra avec quel peu de souci vous traitez les intérêts de ceux qui réclament le plus justement, avec quel sans-façon vous traitez vos collégues.

(1) Veuillez relire la lettre que vous avez écrite à un de vos collégues du conseil-général, et sa réponse.

Dans un orgueil irréfléchi, Monsieur le Maire, vous vous écriez que j'ai toujours été battu, *dans le conseil, sur les questions que je porte aujourd'hui à la connaissance du public.* Vous êtes bien inexact, Monsieur, et votre désir de faire des phrases vous met en contradiction avec vous-même. Sur quoi donc ai-je été battu, s'il vous plaît? Ce n'est pas du moins sur la question d'octroi; et c'est cependant celle que je soumets au public, pour l'instruire, l'éclairer autant qu'il est en moi. Est-ce sur les économies à faire, à l'occasion des votes financiers? Eh bien! c'est-là surtout où est la contradiction; car si j'ai été battu, je n'ai pas volé du moins toutes les dépenses, ainsi que vous le prétendez.

Je suis égoïste, dites-vous, et je veux acquérir de la popularité à votre détriment, dans les circonstances difficiles où nous nous trouvons, parce que je fais tous mes efforts pour empêcher une mesure qui, dans ma conviction, serait funeste à la ville et sans remède, si elle était malheureusement adoptée. Malgré le calme que vous dites conserver et qui n'est qu'apparent, Monsieur, la colère ou la passion vous égare, vous emporte bien loin; mais passons : c'est encore là de la petite et peu digne personnalité que vous faites à mon sujet.

Je veux le front sud, dites-vous. Oui, c'est vrai, je le veux; mais la question date de 1829; elle a été soulevée, traitée, défendue verbalement et par écrit par le respectable M. Isaac l'aîné, dont toute la ville déplore la mort encore récente. Cette question a été et est encore soutenue vivement, à l'heure qu'il est, par un de nos collègues du conseil, M. B....., dont vous n'oserez pas contester tout haut les connaissances et le mérite. Mais elle a été soutenue par tout le conseil municipal, par vous-même, Monsieur, et vous vous y êtes même glorifié d'avoir mené à bonne fin une affaire aussi difficile. Vous savez bien, du reste, que l'affaire n'est pas mauvaise, et qu'une personne fort solvable s'offrait, il y a peu de mois, à reprendre, au prix coûtant, les terrains du front sud cédés à la ville.

Je sais que vous n'êtes pas commerçant, Monsieur le Maire, et que vous ignorez les ressources que le front sud peut produire. Est-ce ma faute à moi si vous ne comprenez pas la question? s'il ne vous déplaît pas de voir les ruines de l'entrée de la ville? si vous voulez ajourner indéfiniment l'exécution de projets qui relèveraient très-probablement la ville de la position où elle est en ce moment? Il vous plaît beaucoup, d'un autre côté, de me lancer vos sarcasmes dans le conseil et de me refuser, de votre droit de président, la faculté de vous répondre.

Le système que vous suivez vous est imposé par le conseil, osez-vous dire. Mais vous oubliez donc que vous avez l'initiative de toutes les propositions? que vous avez toujours proposé les dépenses qui ont été adoptées par la majorité du conseil? Ne déclinez donc pas une responsabilité qui remonte d'abord à vous.

Les dépenses ordinaires étaient faibles sous l'administration de M. Bénard, vous le reconnaissez; n'est-ce pas ce que je vous ai dit, ce que je demande depuis que je suis dans le conseil? Diminuez donc vos dépenses ordinaires pour faire des améliorations, ou pour pouvoir payer les dettes de la ville! En un mot, voilà mon principe: on doit savoir régler ses dépenses sur ses recettes. Je le sais bien, vous trouverez cette règle de conduite un peu *épicier*, c'est possible; mais je dis que si la ville ne peut retirer que 115,000 francs de son octroi, à moins de porter atteinte à son avenir, il ne faut pas dépenser davantage.

J'arrive à votre grande objection, Monsieur le Maire: l'administration de M. Leveux vous a laissé, assurez-vous, 582,708 fr. 15 c. d'engagemens. Un peu de patience, je vais réduire ces chiffres à leur juste valeur.

Pour les travaux du port, je ne puis vous accorder qu'une somme de 300,000 fr. et non pas de 385,000 fr.; car compter les intérêts pour une somme que l'on pouvait s'éviter de payer, n'est pas rationnel. Mais je ne puis accepter comme une charge pour la ville les 120,000 francs du front sud; car si vous payez ces 120,000 francs d'une main, vous en toucherez le remboursement de l'autre, ce qui établit une balance parfaite entre le doit et l'avoir. Donc je ne puis admettre en ligne de compte ces 120,000 f. Mais je vous concède les 9,500 francs, prix d'acquisition du musée, payables par annuités, et les 11,600 francs de la maison Déterville. Pour les 7,640 fr. des maisons de la fabrique, ils seront sans doute payés par votre successeur, puisque le contrat interdit à la ville de les payer au plus tôt en 1855; c'est donc une somme à retrancher de votre bilan. Quant aux dépenses occasionnées par la question Chemin de fer, ce n'est pas là une dette de votre prédécesseur; les dépenses pour cet objet, sous son administration, ont été acquittées par lui; vous ne pouvez donc raisonnablement porter cette somme comme un des engagemens que l'administration précédente vous a laissé la charge de remplir.

En résumé, ce n'est pas 582,708 fr. 15 c. de dettes, ou plus d'UN DEMI-MILLION dont votre prédécesseur vous a laissé le fardeau accablant; mais 321,100 fr. bien comptés, pour lesquels vous avez touché en droits d'octroi 150,000 fr. environ sur les matériaux employés aux travaux du port, 150,000 fr. que, par conséquent, vous n'auriez pas reçus, si en 1836 le conseil n'avait pas voté la somme exigée, pour obtenir du gouvernement : le quai, l'écluse de la citadelle, le bassin à flot et le prolongement des jetées. Ce n'est pas tout, Monsieur le Maire ; vous voudrez bien ajouter à ces 150,000 fr., les droits d'octroi payés par suite de la consommation des nombreux ouvriers occupés aux travaux du port et par le fourrage qu'ont consommé les chevaux également employés à ces travaux. Vous le voyez, Monsieur le Maire, il vous faut de beaucoup en rabattre, et vous ne devez pas en être fâché.

Il est ridicule de supposer que vos projets craignent le jour, prétendez-vous ? Vous auriez évité ces suppositions, si vous aviez révélé de suite et positivement au conseil les objets nouveaux que vous vouliez imposer. Si vous vouliez soumettre à des droits d'octroi les objets repris dans un seul tableau, vous pouviez parfaitement vous dispenser de remettre à la commission deux tableaux différens, et de l'inviter à y rechercher les objets qu'elle jugerait susceptibles d'être imposés. Vous voyez donc bien, Monsieur le Maire, que je n'ai pas raisonné sur des suppositions, et je vous prie de croire que j'étais parfaitement renseigné, au moment où j'ai parlé. Mon opuscule, comme vous l'appelez, était imprimé quand j'ai vu vos tableaux; le membre de la commission qui m'en a fait la communication pourra vous l'affirmer, et mon travail, n'eût-il pas été imprimé, la communication qui m'a été faite n'y eût rien changé, je vous l'assure.

C'est une insinuation *perfide et mensongère* (ce sont vos expressions) que de vous attribuér la pensée de vouloir chasser de la ville les personnes qui n'y sont pas attachées par un lien quelconque. Eh bien! ce ne sera pas vous, je le veux bien ; mais alors ce sera l'influence de vos nouveaux droits d'octroi : le résultat est le même, et vous n'y gagnez rien.

Je n'ignore pas, Monsieur le Maire, que Saint-Pierre doit avoir un nouveau tarif d'octroi ; mais ce n'est pas une raison pour augmenter le vôtre, et vous devriez vous réjouir de voir les charges se balancer dans les deux villes, et chercher à maintenir avec soin ce précieux équilibre.

Vous prétendez, Monsieur le Maire, que votre réglement sur la fabrique de tulle lui est avantageux. Pourquoi alors le conseil des prud'hommes, cet organe de la fabrique, a t-il réclamé? Il y a peu de mois encore, le président de ce conseil, qui est aussi conseiller municipal, demandait, dans un raport rédigé par lui, que le conseil exprimât le vœu que ce réglement, si *protecteur* selon vous, fût modifié. Ce même rapport, vous le savez, demandait aussi que certaines mesures, inutiles et vexatoires pour le commerce de la boulangerie, fussent supprimées ; mais vous n'avez rien voulu entendre, ne pouvant consentir à reconnaître un tort.

Vous vous êtes donné la peine de donner le tableau du produit réel de l'octroi ; mais n'en avais-je pas déjà donné le chiffre exact *en francs et centimes* ? Voyez l'énormité! en répétant un chiffre, j'ai dit 157,000 francs, au lieu de 156,898 fr. 08 c.

Moi *épicier* (1) je vous ai dépéché le commerce de *l'épicerie*, dites-vous, Monsieur le Maire! Le fait avancé par vous est tout simplement faux, et je le démens de

______

(1) L'état n'a jamais désbonoré ou du moins ridiculisé l'homme ; et vos parens n'en étaient pas moins respectables.. quoique vendant, Monsieur le Maire, il y a peu d'années encore, 1re rue du Courgain, des cotonnades et des étoffes de laine pour l'habillement des marins.

la manière la plus formelle; voilà ce que je vous répondrai seulement. Croyez bien qu'il ne m'est rien *passé par
la tête*, comme vous le dites si élégamment, et vous le
savez de reste.

En 1836, j'ai voté les 380,000 fr. des grands travaux
du port, sans avoir la prévoyance d'établir un droit de
stationnement. Voilà un nouveau reproche que vous
m'adressez, Monsieur le Maire, soit; mais ne parlez
jamais de votre prévoyance quant aux affaires de la ville.
Je réponds que je n'ai pas sous les yeux la date de la
délibération; mais je sais que le conseil a émis ce vote
sur le rapport d'une commission composée de MM. Rei-
senthel, Dufaitelle et, je crois, de M. Bodart; et je reconnais humblement que j'ai eu la même imprévoyance que
MM. Choisnard, Guillebert, Mancel, Ph. Devot, Quillacq,
Michaud, Mouron, Legros père et autres. Que voulez-vous,
Monsieur le Maire! s'il y avait lieu à établir un droit pour
les avantages que les navires auraient à retirer des travaux
du port, on pouvait bien sans danger ne pas s'y prendre
dix ans d'avance. Et puis, je vous l'avoue, en principe, je
suis peu partisan de taxes, même des 4,000 fr. de centimes
additionnels que vous a accordés le conseil, dont je n'ai
pas parlé dans ma brochure et que vous avez passés aussi
sous silence dans votre lettre si longue, mais que vous
auriez voulu faire si courte, il est vrai.

Je n'ai pas indiqué le moyen d'avoir en réserve 150 ou
180,000 francs, me reprochez-vous encore. Je vous demande bien pardon, Monsieur le Maire; mais le moyen
était bien simple : c'était de ne pas dépenser cet argent
pour d'autres objets, surtout le conseil lui ayant donné
une affectation spéciale.

D'après vous, *j'ai entendu les grands journaux de Paris
parler d'un gouvernement personnel*. N'entrons pas sur le
terrain périlleux de la politique, croyez-moi, Monsieur le
Maire; car nous n'y serions sans doute pas plus d'accord
que sur tout autre terrain; laissons les grands journaux de
Paris. Mais dites ce qu'est devenue la chambre de commerce de Calais, depuis qu'une malheureuse question de
présidence effective a été soulevée par vous d'une manière
si inopportune, au moment où la ville avait cependant tant

besoin du concours et des efforts de tous ses enfans?
Dites-moi où sont maintenant les hommes de cœur, d'in-
telligence et de travail qui ont sacrifié leur temps, leur
argent, qui ont fait des absences si longues, si fréquentes
pour les intérêts de la ville? Ils ont quitté la chambre de
commerce, le conseil municipal, renoncé aux affaires pu-
bliques. Mais sont-ils devenus indifférens, insoucieux de
tout ce qui concerne Calais? non, et je puis vous l'assurer.

Vous pourriez peut-être aussi me dire, Monsieur le
Maire, qui se donne la peine de choisir les candidats,
lorsqu'il y a des élections pour le tribunal de commerce?

Vous me reprochez d'avoir voté 500,000 francs pour
M. Cockeril, et cependant de ne pas croire qu'un chemin
de fer sera profitable à Calais. Pour être vieux, ce reproche
n'en a pas plus de valeur pour moi. Oui, Monsieur, j'ai
voté 500,000 francs pour M. Cockeril; ce reproche m'a
été adressé vingt fois par un de vos amis, et il ne me sur-
prend pas dans votre lettre. Mais, vous et votre ami, veuillez bien comprendre la différence de temps et de position.
Avec M. Cockeril, Calais aurait eu un chemin direct sur
Paris, aurait été tête principale de chemin de fer; ce chemin serait en exploitation depuis sept ou huit ans, et il y
avait alors toute probabilité (les chemins devaient être faits,
à cette époque, par des compagnies, sans intervention de
l'État) que Calais resterait pour long-temps le seul port
du détroit avec un chemin de fer. Il doit nécessairement
y avoir une différence, puisque aujourd'hui tous les
ports de la Manche auront leur chemin de fer.

Non, Monsieur le Maire, je ne me suis pas associé à
tous les votes; car je n'ai pas voté l'achat du musée. Voyez,
s'il vous plaît, le procès-verbal y relatif; vous y trouverez,
je crois, deux voix opposantes, et je vous affirme que
j'étais l'un des opposans.

Il est exact de dire que j'ai voté l'école primaire supé-
rieure, la création de la salle d'asile, la caisse d'épargnes;
mais je répondrai que la création de ces établissemens
appartient à l'administration de M. Leveux, qui en a payé
les frais d'installation. Il n'y a donc pas là d'armes contre
moi. Quant aux dépenses de la garde nationale, je n'ai voté
que ce qui est prescrit par la loi, mais rien au-delà.

L'éclairage au gaz, je ne l'ai voté qu'en partie, et pas pour la totalité de la somme qui est dépensée chaque année.

Je n'ai pas repoussé les 14,000 francs du forage du puits artésien; je le reconnais. Mais je ferai observer que selon le dire des hommes spéciaux, il y avait toute probabilité, d'après le procès-verbal des opérations de sondage faites à la citadelle et l'exploration des terrains du Blanc-Nez par M. Mulot, que l'on n'aurait pas été jusqu'à 200 mètres sans avoir de l'eau. Mais en même temps j'ai demandé, et le procès-verbal doit faire mention du fait, que l'on traitât à forfait avec M. Mulot, pour une somme déterminée, si on rencontrait de l'eau, et que rien ne lui fût accordé en cas d'insuccès. Et vous m'avez répondu, Monsieur le Maire, que la somme que demanderait M. Mulot serait plus élevée, en admettant qu'il consentît au forfait, que celle que nous dépenserions. En présence des probabilités qu'on avait d'avoir de l'eau avant d'arriver à 200 mètres, et étant loin de me flatter de posséder des connaissances universelles, j'ai cru aux données de la science, et j'ai voté.

Si j'ai voté le bâtiment des frères et l'emplacement où il existe, l'achat de la maison Déterville, c'est que la caisse municipale pouvait faire ces dépenses; mais du moins je n'ai pas voté l'argent pour la salle de spectacle, et pour une bonne raison : c'est que je n'ai jamais vu ni les plans, ni les devis des travaux à faire. J'ai de même repoussé beaucoup d'autres dépenses dont vous ne parlez pas , et j'ai demandé toujours des réductions sur les dépenses ordinaires, sans succès, cela va sans dire. J'ai peut-être fatigué le conseil par mon insistance à réclamer des réductions, je le confesse avec humilité, et cependant vous venez dire dans votre lettre, Monsieur le Maire, que j'ai gardé le silence, que je n'ai jamais indiqué ce que je voulais ; ce reproche est donc le moins fondé de tous ceux que vous m'adressez.

Alors, vous emparant de mon prétendu silence, il vous plaît de dérouler tous mes plans d'économie , que vous arrangez commodément à votre point de vue; et vous m'accusez bruyamment de vouloir faire payer une rétribution mensuelle aux élèves des écoles primaires. Mais une commission, composée de MM. Lambert, Vogue et Gravis, l'a demandé dans un rapport; quant à moi, je déclare que je veux, comme je l'ai toujours voulu, que l'instruction soit donnée gratuitement à ceux qui ne pourraient pas la payer sans gêne; que les livres, le papier, etc., soient également donnés gratuitement à ceux qui ne pourraient pas en faire la dépense. Voilà ce que j'ai demandé, Monsieur le Maire, et ne dénaturez pas mes intentions pour faire votre cause meilleure qu'elle ne l'est.

Autre grande accusation: vous m'accusez de vouloir diminuer l'allocation de l'hospice. Je sais bien que le journal *l'Industriel Calaisien* a dit, il y a un an, que je voulais le renvoi de vingt infirmes; mais vous savez aussi, Monsieur, que je n'ai jamais demandé semblable chose; qu'au contraire, j'ai insisté pour qu'on admît plus de malades. Ce que j'ai demandé, ce sont des réformes dans l'hospice; voilà ce que je veux seulement: c'est ma conviction. Malheureusement, la publicité que recevra ma lettre ne me permet pas, Monsieur le Maire, de faire connaître les regrets que vous m'avez exprimés plusieurs fois dans votre cabinet à cet égard.

Autre gratuite supposition, dont vous me faites l'objet: vous alléguez que je voudrais diminuer l'allocation du bureau de bienfaisance. Vous ne ferez pas croire, Monsieur le Maire, que je sois moins doué que vous de l'esprit de charité; ce que je veux encore ici, ce sont des réformes, une meilleure répartition des fonds alloués. J'ai souvent déploré, il est vrai, de voir le *cinquième* des revenus du bureau de bienfaisance absorbé par les frais d'administration, et j'ai regretté avec blâme de voir trois cent cinquante individus valides, de l'âge de quinze à cinquante-cinq ans (1), recevoir des secours presque continuels. J'ai en effet la conviction, Monsieur le Maire, et je vous l'ai exprimé récemment encore, qu'il fallait se contenter de donner des secours temporaires, en cas de maladie, et s'attacher à moraliser la classe indigente, en lui procurant du travail.

(1) Je tiens à la disposition de mes concitoyens un état officiel constatant le fait: il est signé Lejeune, vice-président du bureau de bienfaisance, et visé par M. Legros-Devot, maire de Calais.

Cependant vous avez deviné juste, Monsieur le Maire, en ce qui concerne mon désir de supprimer une partie des dépenses de la garde nationale; il y a là en effet des réductions à opérer.

En revanche, votre art divinatoire vous fourvoie totalement quand vous m'accusez de vouloir porter atteinte aux appointemens des employés; je vous mets au défi le plus formel de prouver ce fait. Je n'ai jamais proposé de semblables réductions, Monsieur le Maire; seulement, à votre place, n'ayant pas d'argent, je n'aurais pas accordé une augmentation d'appointemens à un employé suffisamment rétribué.

Une observation avait été faite, il y a deux ans je crois, relativement à un employé pour qui on demandait une augmentation en raison de son âge. A cette occasion, j'ai dit que, dans les administrations comme dans les maisons de commerce, on prenait souvent des jeunes gens de quatorze à seize ans, pour copier des lettres et faire des courses, et qu'on ne leur donnait qu'une faible rétribution pour ce travail. J'ai ajouté que plus tard, si on n'avait pas besoin d'un commis, on invitait ces jeunes gens à chercher une place, ou qu'on leur en cherchait une, si on était content de leurs services; mais que, dans aucun cas, on ne donnait pas 80 ou 100 francs par mois à un employé, alors qu'un jeune homme, pour 12 ou 15 francs, pouvait faire la besogne.

Voilà tout ce que j'ai voulu, tout ce que je veux encore; mais, pour Dieu, Monsieur le Maire, ne me rendez pas responsable de projets odieux ou déraisonnables d'économies qui n'ont jamais existé dans ma pensée!

En terminant, Monsieur, je vous dirai qu'en publiant ma brochure, je n'ai eu pour but que d'avertir mes concitoyens d'un danger réel pour la ville, et je vous répéterai que ma conviction sincère et profonde, c'est que les ressources de la ville peuvent encore suffire aux dépenses actuelles. Sans doute il faut calculer, rechercher quelles sont les réductions qu'on peut opérer sans entraver le service, se restreindre par tous les moyens possibles. Je le sais bien, Monsieur le Maire, c'est peut-être un malheur; mais il faut s'y résigner, pour éviter un malheur plus grand encore.

Encore un mot, que je vous prie de vouloir bien retenir, Monsieur le Maire: mes occupations ne me permettant pas de continuer une correspondance aussi longue, aussi laborieuse et surtout aussi *dispendieuse*, je vous préviens que c'est la dernière réponse que vous aurez de moi. Je vous laisse le champ libre; quelles que soient donc l'inconvenance de vos expressions, l'injustice de vos imputations, les accusations que vous portiez contre moi, soit dans une nouvelle lettre, soit dans le journal *l'Industriel Calaisien*, je garderai le silence. A mes concitoyens maintenant à voir, à juger et à agir en conséquence.

Agréez, Monsieur le Maire, la sincère expression de mes sentimens.

E. Lengaigne,
Membre du conseil municipal.

Calais, 18 décembre 1847.

Calais, imprimerie de D. Le Roy.